Impressum
Verlag: BABADADA GmbH, Nedderfeld 112 , 22529 Hamburg
Geschäftsführer / Verlagsleitung: Harald Hof
Druck: Books on Demand GmbH, In de Tarpen 42, 22848 Norderstedt

Imprint
Publisher: BABADADA GmbH, Nedderfeld 112 , 22529 Hamburg, Germany
Managing Director / Publishing direction: Harald Hof
Print: Books on Demand GmbH, In de Tarpen 42, 22848 Norderstedt

sala de aulas
classroom

dividir
divide

186/2

quadro
board

pátio da escola
school yard

professor
teacher

papel
paper

escrever
write

caneta
pen

secretária
desk

régua
ruler

livro
book

aluno
pupil

mochila

satchel

estojo de lápis

pencil case

lápis

pencil

afia-lápis

pencil sharpener

borracha

rubber

bloco de desenho

drawing pad

desenho

drawing

pincel

paintbrush

caixa de tintas

paint box

tesoura

scissors

cola

glue

livro de exercícios

exercise book

trabalhos de casa

homework

número

number

somar

add

subtrair

subtract

multiplicar

multiply

calcular

calculate

letra

letter

alfabeto

alphabet

palavra

word

texto

text

ler

read

giz

chalk

hora

lesson

registo de presenças

register

exame

examination

certificado

certificate

uniforme escolar

school uniform

educação

education

enciclopédia

encyclopedia

universidade

university

microscópio

microscope

mapa

map

cesto de lixo

waste-paper basket

hotel
hotel

hostel
hostel

casa de câmbio
currency exchange office

mala
suitcase

carro
car

idioma
language

sim / não
yes / no

ok / certo / correto
Okay

olá
hello

intérprete
translator

obrigado
Thank you

quanto é que custa... ?

how much is...?

não entendo

I don´t get it

problema

problem

boa noite!

Good evening!

Bom dia!

Good morning!

Boa noite!

Good night!

adeus

goodbye

direção

direction

bagagem

luggage

saco

bag

mochila

backpack

convidado

guest

quarto

room

saco-cama

sleeping bag

tenda

tent

informação turística

tourist information

praia

beach

cartão de crédito

credit card

pequeno-almoço

breakfast

almoço

lunch

jantar

dinner

bilhete

Ticket

elevador

elevator

selo postal

stamp

fronteira

border

alfândega

customs

embaixada

embassy

visto

visa

passaporte

passport

avião
airplane

navio
ship

carro de bombeiros
fire truck

camião
truck

autocarro
bus

barco a motor
motorboat

bicicleta
bike

carro
car

cacilheiro

ferry

barco

boat

mota

motorbike

carro de polícia

police car

carro de corrida

racing car

carro alugado

rental car

carsharing

car sharing

camião de reboque

tow truck

camião do lixo

garbage truck

motor

engine

combustível

fuel

estação de serviço

fuel station

sinal de trânsito

traffic sign

trânsito

traffic

congestionamento de trânsito

traffic jam

parque de estacionamento

parking lot

estação ferroviária

train station

carris

tracks

comboio

train

elétrico

tram

carruagem

wagon

helicóptero
helicopter

aeroporto
airport

torre
tower

passageiro
passenger

contentor
container

caixa de papelão
carton

carrinho
cart

cesto
basket

levantar voo / aterrar
take off / land

cidade
city

aldeia
village

centro da cidade
city center

casa
house

cinema
movie theater

publicidade
advert

poste de iluminação
street light

rua
street

táxi
taxi

quiosque
snack shop

peão
pedestrian

passeio
sidewalk

passadeira para peões
zebra crossing

caixote do lixo
dumpster

cruzamento
crossing

semáforo
traffic lights

cabana

hut

apartamento

apartment

estação ferroviária

train station

câmara municipal

city hall

museu

museum

escola

school

cidade - city

universidade

university

banco

bank

hospital

hospital

hotel

hotel

farmácia

pharmacy

escritório

office

livraria

book shop

loja

shop

florista

flower shop

supermercado

supermarket

mercado

market

loja de departamentos

department store

peixaria

fishmonger's shop

centro comercial

mall

porto

harbor

parque

park

banco

bench

ponte

bridge

escadas

stairs

metro

subway

túnel

tunnel

paragem de autocarro

bus stop

bar

bar

restaurante

restaurant

caixa de correio

postbox

sinal de trânsito

street sign

parquímetro

parking meter

jardim zoológico

zoo

piscina

swimming pool

mesquita

mosque

quinta
farm

poluição
pollution

cemitério
cemetery

igreja
church

parque infantil
playground

templo
temple

paisagem
landscape

folha
leaf

placa de sinalização
signpost

caminho
path

prado
meadow

pedra
stone

caminhantes
hiker

árvore
tree

rio
river

relva
grass

flor
flower

vale
valley

montanha
hill

lago
lake

floresta
forest

deserto
desert

vulcão
volcano

castelo
castle

arco-íris
rainbow

cogumelo
mushroom

palma
palm tree

mosquito
mosquito

mosca
fly

formiga
ant

abelha
bee

aranha
spider

besouro

beetle

sapo

frog

esquilo

squirrel

ouriço

hedgehog

lebre

hare

coruja

owl

pássaro

bird

cisne

swan

javali

boar

veado

deer

alce

moose

barragem

dam

turbina eólica

wind turbine

painel solar

solar panel

clima

climate

empregado de mesa
waiter

menu
menu

cadeira
chair

sopa
soup

pizza
pizza

talheres
cutlery

toalha de mesa
tablecloth

entrada
....
starter

prato principal
....
main course

sobremesa
....
dessert

bebidas
....
drinks

comida
....
food

garrafa
....
bottle

fast food

fast food

comida de rua

street food

bule de chá

teapot

açucareiro

sugar bowl

porção

portion

máquina de café expresso

espresso machine

cadeira alta

high chair

conta

bill

bandeja

tray

faca

knife

garfo

fork

colher

spoon

colher de chá

teaspoon

guardanapo

serviette

copo

glass

prato

plate

prato de sopa

soup plate

pires

saucer

molho

sauce

saleiro

salt shaker

moinho de pimenta

pepper mill

vinagre

vinegar

óleo

oil

especiarias

spices

ketchup

ketchup

mostarda

mustard

maionese

mayonnaise

oferta especial
special offer

cliente
customer

laticínios
dairy products

fruta
fruit

carrinho de compras
shopping cart

talho	padaria	pesar
butcher's shop	bakery	weigh
vegetais	carne	alimentos congelados
vegetables	meat	frozen food

charcutaria

cold cuts

comida enlatada

canned food

detergente em pó

detergent

doces

candy

artigos domésticos

household products

produtos de limpeza

cleaning products

vendedora

sales representative

caixa

cash register

caixa

cashier

lista de compras

shopping list

horário de funcionamento

opening hours

carteira

wallet

cartão de crédito

credit card

saco

bag

saco de plástico

plastic bag

água

water

sumo

juice

leite

milk

coca-cola

coke

vinho

wine

cerveja

beer

álcool

alcohol

cacau

cocoa

chá

tea

café

coffee

café expresso

espresso

capuccino

cappuccino

banana
banana

maçã
apple

laranja
orange

melão
melon

limão
lemon

cenoura
carrot

alho
garlic

bambu
bamboo

cebola
onion

cogumelo
mushroom

nozes
nuts

talharim
noodles

esparguete

spaghetti

arroz

rice

salada

salad

batatas fritas

fries

batatas fritas

fried potatoes

pizza

pizza

hambúrguer

hamburger

sanduíche

sandwich

bife panado

escalope

fiambre

ham

salame

salami

salsicha

sausage

galinha

chicken

assado

roast

peixe

fish

flocos de aveia

porridge oats

muesli

muesli

flocos de milho

cornflakes

farinha

flour

croissant

croissant

carcaça (pãozinho)

bread roll

pão

bread

torrada

toast

biscoitos

cookies

manteiga

butter

requeijão

curd

bolo

cake

ovo

egg

ovo estrelado

fried egg

queijo

cheese

gelado

ice cream

açúcar

sugar

mel

honey

compota

jelly

creme de nougat

nougat cream

caril

curry

casa de quinta
farm house

celeiro
barn

fardo de palha
straw bale

campo
field

cavalo
horse

reboque
trailer

potro
foal

trator
tractor

burro
donkey

cordeiro
lamb

ovelha
sheep

cabra
goat

vaca
cow

bezerro
calf

porco
pig

leitão
piglet

touro
bull

ganso
goose

pato
duck

pintaínho
chick

galinha
hen

galo
cockerel

ratazana
rat

gato
cat

rato
mouse

boi
ox

cão
dog

casota
dog house

mangueira de jardim
garden hose

regador
watering can

foice
scythe

arado
plow

foice
sickle

enxada
hoe

forquilha
pitchfork

machado
axe

carrinho de mão
pushcart

manjedoura
trough

jarro de leite
milk can

saco
sack

cerca
fence

estábulo
stable

estufa
greenhouse

solo
soil

semente
seed

fertilizante
fertilizer

ceifeira-debulhadora
combine harvester

colher

harvest

colheita

harvest

inhame

yams

trigo

wheat

soja

soya

batata

potato

milho

corn

colza

rapeseed

árvore de fruto

fruit tree

mandioca

manioc

cereais

grain

chaminé
chimney

telhado
roof

caleira
downspout

janela
window

garagem
garage

campainha da porta
doorbell

porta
door

balde do lixo
trash can

caixa de correio
mailbox

jardim
garden

sala de estar
living room

casa de banho
bathroom

cozinha
kitchen

quarto de dormir
bedroom

quarto de criança
kids room

sala de jantar
dining room

chão
floor

parede
wall

teto
ceiling

cave
cellar

sauna
sauna

varanda
balcony

terraço
terrace

piscina
pool

máquina de cortar relvado
lawn mower

lençol
sheet

cobertor
bedspread

cama
bed

vassoura
broom

balde
bucket

interruptor
switch

papel de parede
wallpaper

imagem
picture

lâmpada
lamp

prateleira
shelf

armário
cabinet

lareira
fireplace

televisão
television

flor
flower

almofada
cushion

vaso
vase

sofá
sofa

controlo remoto
remote control

tapete
carpet

cortina
drape

mesa
table

cadeira
chair

cadeira de baloiço
rocking chair

poltrona
armchair

livro

book

cobertor

blanket

decoração

decoration

lenha

firewood

filme

film

sistema estéreo

stereo system

chave

key

jornal

newspaper

pintura

painting

póster

poster

rádio

radio

bloco de notas

notebook

aspirador

vacuum cleaner

cato

cactus

vela

candle

frigorífico
fridge

microondas
microwave oven

balança de cozinha
kitchen scales

torradeira
toaster

detergente
laundry detergent

forno
stove

congelador
freezer

balde do lixo
trash can

máquina de lavar louça
dishwasher

fogão
....
cooker

panela
....
pot

panela de ferro
....
cast-iron pot

wok / kadai
....
wok / kadai

frigideira
....
pan

chaleira
....
kettle

panela a vapor

steamer

tabuleiro de forno

baking tray

louça

crockery

caneca

mug

tigela

bowl

pauzinhos

chopsticks

concha de sopa

ladle

espátula

spatula

batedor de claras

whisk

escorredor

strainer

peneira

sieve

ralador

grater

almofariz

mortar

churrasqueira

barbecue

lareira

fireplace

tábua de cortar

chopping board

rolo da massa

rolling pin

saca-rolhas

corkscrew

lata

can

abridor de latas

can opener

luvas de forno

oven cloth

lava-loiça

sink

escova

brush

esponja

sponge

liquidificador

blender

arca frigorífica

deep freezer

biberão

baby bottle

torneira

tap

aquecimento
heating

chuveiro
shower

toalha
towel

cortina de chuveiro
shower curtain

banho de espuma
bubble bath

banheira
bathtub

copo
glass

máquina de lavar roupa
washing machine

torneira
tap

azulejos
tiles

penico
potty

lava-loiça
sink

sanita
toilet

retrete turca
squat toilet

bidé
bidet

urinol
urinal

papel higiénico
toilet paper

piaçaba
toilet brush

escova de dentes

toothbrush

pasta de dentes

toothpaste

fio dentário

dental floss

lavar

wash

chuveiro de mão

hand shower

duche íntimo

douche

bacia

basin

escova para as costas

back brush

sabonete

soap

gel de banho

shower gel

champô

shampoo

toalha de rosto

flannel

escoamento

drain

creme

creme

desodorizante

deodorant

espelho

mirror

espelho de mão

hand mirror

máquina de barbear

razor

creme de barbear

shaving foam

loção pós-barba

aftershave

pente

comb

escova

brush

secador de cabelo

hair-dryer

spray de cabelo

hairspray

maquilhagem

makeup

batom

lipstick

verniz de unhas

nail varnish

algodão

cotton wool

tesoura para unhas

nail scissors

perfume

perfume

nécessaire

washbag

tamborete

stool

balança

weighing scales

roupão de banho

bathrobe

luvas de borracha

rubber gloves

tampão

tampon

penso higiénico

sanitary towel

WC químico

chemical toilet

despertador
alarm clock

peluche
cuddly toy

carro de brincar
toy car

chocalho
rattle

casa de bonecas
doll's house

presente
present

balão

balloon

cama

bed

carrinho de bebé

stroller

jogo de cartas

deck of cards

quebra-cabeças

jigsaw

banda desenhada

comic

peças de Lego

lego bricks

blocos de construção

toy blocks

figura de ação

action figure

fato de bebé

romper suit

Frisbee

frisbee

móbile para bebé

mobile

jogo de tabuleiro

board game

dados

dice

pista de comboio elétrico

model train set

chupeta

pacifier

festa

party

livro ilustrado

picture book

bola

ball

boneca

doll

jogar

play

caixa de areia

sandpit

baloiço

swing

brinquedos

toys

consola de jogos

video game console

triciclo

tricycle

ursinho de peluche

teddy bear

guarda-roupa

wardrobe

vestuário
clothing

meias

socks

meias pelo joelho

stockings

meias-calças

tights

cachecol
scarf

guarda-chuva
umbrella

t-shirt
t-shirt

cinto
belt

botas
boots

chinelos
slippers

sapatilhas
sneakers

sandálias
....
sandals

sapatos
....
shoes

botas de borracha
....
rubber boots

cuecas
....
underwear

sutiã
....
bra

camisola interior
....
undershirt

body

body

calças

pants

calças de ganga

jeans

saia

skirt

blusa

blouse

camisa

shirt

pulôver

pullover

camisola com capuz

sweater

blazer

blazer

casaco

jacket

manto

coat

gabardina

raincoat

traje

costume

vestido

dress

vestido de casamento

wedding dress

fato

suit

camisa de dormir

nightgown

pijama

pajamas

sari

sari

lenço de cabeça

headscarf

turbante

turban

burca

burka

cafetã

kaftan

abaya

abaya

fato de banho

swimsuit

calções de banho

trunks

calções

shorts

fato de treino

tracksuit

avental

apron

luvas

gloves

botão

button

óculos

glasses

pulseira

bracelet

colar

necklace

anel

ring

brinco

earring

boné

cap

cabide

coat hanger

chapéu

hat

gravata

tie

fecho de correr

zip

capacete

helmet

suspensórios

braces

uniforme escolar

school uniform

uniforme

uniform

babete
bib

chupeta
pacifier

fralda
diaper

escritório
office

armário de arquivo
filing cabinet

servidor
server

impressora
printer

ecrã
monitor

papel
paper

secretária
desk

rato
mouse

pasta
folder

teclado
keyboard

cesto de lixo
waste-paper basket

computador
computer

cadeira
chair

caneca de café
coffee mug

calculadora
calculator

internet
internet

computador portátil

laptop

carta

letter

mensagem

message

telemóvel

cell phone

rede

network

fotocopiadora

photocopier

software

software

telefone

telephone

tomada elétrica

plug socket

fax

fax machine

formulário

form

documento

document

comprar

buy

pagar

pay

negociar

trade

dinheiro

money

dólar

dollar

euro

euro

yen

yen

rublo

rouble

franco suíço

Swiss franc

renminbi yuan

renminbi yuan

rupia

rupee

caixa de multibanco

cash point

casa de câmbio

currency exchange office

ouro

gold

prata

silver

petróleo

oil

energia

energy

preço

price

contrato

contract

imposto

tax

ação

stock

trabalhar

work

empregado

employee

entidade patronal

employer

fábrica

factory

loja

shop

agente da polícia
police officer

bombeiro
fireman

cozinheiro
cook

médico
doctor

piloto
pilot

jardineiro
gardener

carpinteiro
carpenter

costureira
seamstress

juiz
judge

químico
chemist

ator
actor

motorista de autocarro

bus driver

motorista de táxi

taxi driver

pescador

fisherman

empregada de limpeza

cleaning lady

telhador

roofer

empregado de mesa

waiter

caçador

hunter

pintor

painter

padeiro

baker

eletricista

electrician

construtor

builder

engenheiro

engineer

talhante

butcher

canalizador

plumber

carteiro

postman

soldado

soldier

arquiteto

architect

caixa

cashier

florista

florist

cabeleireiro

hairdresser

controlador de bilhetes

conductor

mecânico

mechanic

capitão

captain

dentista

dentist

cientista

scientist

rabino

rabbi

imã

imam

monge

monk

pastor

pastor

martelo
hammer

alicate
pliers

chave de fendas
screwdriver

chave inglesa
wrench

lanterna
torch

escavadora
excavator

caixa de ferramentas
toolbox

escadote
ladder

serra
saw

pregos
nails

broca
drill

reparar
....
repair

pá
....
shovel

porcaria!
....
Damn!

pá de lixo
....
dustpan

pote de tinta
....
paint can

parafusos
....
screws

instrumentos musicais
musical instruments

bateria
drum set

altifalante
loud speaker

guitarra
guitar

contrabaixo
double bass

trompete
trumpet

piano

piano

violino

violin

baixo

bass

timbales

timpani

tambor

drums

teclado

keyboard

saxofone

saxophone

flauta

flute

microfone

microphone

tigre
tiger

entrada
entrance

gaiola
cage

zebra
zebra

ração animal
animal feed

panda
panda

animais
animals

elefante
elephant

canguru
kangaroo

rinoceronte
rhino

gorila
gorilla

urso
bear

camelo

camel

avestruz

ostrich

leão

lion

macaco

monkey

flamingo

flamingo

papagaio

parrot

urso polar

polar bear

pinguim

penguin

tubarão

shark

pavão

peacock

cobra

snake

crocodilo

crocodile

guarda do jardim zoológico

zookeeper

foca

seal

jaguar

jaguar

pónei
pony

leopardo
leopard

hipopótamo
hippo

girafa
giraffe

águia
eagle

javali
boar

peixe
fish

tartaruga
turtle

morsa
walrus

raposa
fox

gazela
gazelle

futebol americano
American football

ciclismo
cycling

ténis
tennis

basquetebol
basketball

natação
swimming

boxe
boxing

hóquei no gelo
ice hockey

futebol
soccer

badminton
badminton

atletismo
athletics

andebol
handball

esqui
skiing

polo
polo

saltar
jump

rir
laugh

abraçar
hug

cantar
sing

andar
walk

rezar
pray

beijar
kiss

sonhar
dream

escrever

write

desenhar

draw

mostrar

show

empurrar

push

dar

give

tomar

take

ter
....
have

fazer
....
do

ser
....
be

ficar de pé
....
stand

correr
....
run

puxar
....
pull

remessar
....
throw

cair
....
fall

deitar
....
lie

esperar
....
wait

carregar
....
carry

sentar
....
sit

vestir
....
get dressed

dormir
....
sleep

acordar
....
wake up

atividades - activities

olhar para

look at

chorar

cry

acariciar

stroke

pentear

comb

falar

talk

compreender

understand

perguntar

ask

ouvir

listen

beber

drink

comer

eat

arrumar

tidy up

amar

love

cozinhar

cook

conduzir

drive

voar

fly

velejar

sail

calcular

calculate

ler

read

aprender

learn

trabalhar

work

casar

marry

costurar

sew

escovar os dentes

brush teeth

matar

kill

fumar

smoke

enviar

send

avó
grandmother

avô
grandfather

pai
father

mãe
mother

bebé
baby

filha
daughter

filho
son

convidado

guest

tia

aunt

tio

uncle

irmão

brother

irmã

sister

testa
forehead

olho
eye

ombro
shoulder

dedo
finger

cara
face

queixo
chin

mão
hand

peito
breast

perna
leg

braço
arm

bebé

baby

homem

man

mulher

woman

menina

girl

menino

boy

cabeça

head

costas

back

barriga

belly

umbigo

navel

dedo do pé

toe

calcanhar

heel

osso

bone

anca

hip

joelho

knee

cotovelo

elbow

nariz

nose

nádegas

buttocks

pele

skin

bochecha

cheek

orelha

ear

lábio

lip

boca

mouth

dente

tooth

língua

tongue

cérebro

brain

coração

heart

músculo

muscle

pulmão

lung

fígado

liver

estômago

stomach

rins

kidneys

relações sexuais

sex

preservativo

condom

óvulo

ovum

esperma

semen

gravidez

pregnancy

menstruação

menstruation

vagina

vagina

pénis

penis

sobrancelha

eyebrow

cabelo

hair

pescoço

neck

hospital
hospital

ambulância
ambulance

cadeira de rodas
wheelchair

fratura
fracture

médico
doctor

serviço de urgências
emergency room

enfermeira
nurse

emergência
emergency

inconsciente
unconscious

dor
pain

ferimento
injury

hemorragia
bleeding

ataque cardíaco
heart attack

acidente vascular cerebral
stroke

alergia
allergy

tosse
cough

febre
fever

gripe
flu

diarreia
diarrhea

dor de cabeça
headache

cancro
cancer

diabetes
diabetes

cirurgião
surgeon

bisturi
scalpel

operação
operation

CT
CT

raio x
x-ray

ultrassom
ultrasound

máscara
face mask

doença
disease

sala de espera
waiting room

muleta
crutch

penso rápido
plaster

ligadura
bandage

injeção
injection

estetoscópio
stethoscope

maca
stretcher

termómetro
clinical thermometer

nascimento
birth

excesso de peso
overweight

aparelho auditivo

hearing aid

desinfetante

disinfectant

infeção

infection

vírus

virus

HIV / SIDA

HIV / AIDS

medicamento

medicine

vacinação

vaccination

comprimidos

tablets

pílula

pill

chamada de emergência

emergency call

dispositivo de medição de
pressão arterial

blood pressure monitor

doente / saudável

ill / healthy

Socorro!

Help!

alarme

alarm

assalto

assault

ataque

attack

perigo

danger

saída de emergência

emergency exit

Fogo!

Fire!

extintor de incêndios

fire extinguisher

acidente

accident

estojo de primeiros socorros

first-aid kit

SOS

SOS

polícia

police

terra
earth

Europa

Europe

América do Norte

North America

América do Sul

South America

África

Africa

Ásia

Asia

Austrália

Australia

Atlântico

Atlantic

Pacífico

Pacific

Oceano Índico

Indian Ocean

Oceano Antártico

Antarctic Ocean

Oceano Ártico

Arctic Ocean

Polo Norte

North pole

Polo Sul

South pole

Antártica

Antarctica

terra

earth

país

land

mar

sea

ilha

island

nação

nation

estado

state

mostrador do relógio

clock face

ponteiro das horas

hour hand

ponteiro dos minutos

minute hand

ponteiro dos segundos

second hand

Que horas são?

What time is it?

dia

day

tempo

time

agora

now

relógio digital

digital watch

minuto

minute

hora

hour

segunda-feira
Monday

quarta-feira
Wednesday

sexta-feira
Friday

quinta-feira
Tuesday

sábado
Saturday

quinta-feira
Thursday

domingo
Sunday

ontem

yesterday

hoje

today

amanhã

tomorrow

manhã

morning

meio-dia

noon

entardecer

evening

MO	TU	WE	TH	FR	SA	SU
1	2	3	4	5	6	7
8	9	10	11	12	13	14
15	16	17	18	19	20	21
22	23	24	25	26	27	28
29	30	31	1	2	3	4

dias úteis

workdays

MO	TU	WE	TH	FR	SA	SU
1	2	3	4	5	6	7
8	9	10	11	12	13	14
15	16	17	18	19	20	21
22	23	24	25	26	27	28
29	30	31	1	2	3	4

fim de semana

weekend

chuva
rain

arco-íris
rainbow

neve
snow

vento
wind

primavera
spring

outono
fall

verão
summer

inverno
winter

4.APRIL	11°	☀
5.APRIL	4°	
6.APRIL	13°	
7.APRIL	8°	☀
8.APRIL	10°	☀

previsão do tempo

weather forecast

termómetro

thermometer

raios de sol

sunshine

nuvem

cloud

neblina / nevoeiro

fog

humidade do ar

humidity

relâmpago

lightning

trovão

thunder

tempestade

storm

granizo

hail

monção

monsoon

inundação

flood

gelo

ice

janeiro

January

fevereiro

February

março

March

abril

April

maio

May

junho

June

julho

July

agosto

August

setembro

September

outubro

October

novembro

November

dezembro

December

formas

shapes

círculo

circle

quadrado

square

retângulo

rectangle

triângulo

triangle

esfera

sphere

cubo

cube

branco

white

amarelo

yellow

laranja

orange

rosa

pink

vermelho

red

lilás

purple

azul

blue

verde

green

castanho

brown

cinzento

gray

preto

black

muito / pouco

a lot / a little

furioso / calmo

angry / calm

lindo / feio

beautiful / ugly

princípio / fim

beginning / end

grande / pequeno

big / small

claro / escuro

bright / dark

irmão / irmã

brother / sister

limpo / sujo

clean / dirty

completo / incompleto

complete / incomplete

dia / noite

day / night

morto / vivo

dead / alive

largo / estreito

wide / narrow

comestível / não comestível

edible / inedible

mau / gentil

evil / kind

entusiasmado / entediado

excited / bored

gordo / magro

fat / thin

primeiro / último

first / last

amigo / inimigo

friend / enemy

cheio / vazio

full / empty

duro / macio

hard / soft

pesado / leve

heavy / light

fome / sede

hunger / thirst

doente / saudável

ill / healthy

ilegal / legal

illegal / legal

inteligente / burro

intelligent / stupid

esquerda / direita

left / right

perto / longe

near / far

novo / usado

new / used

nada / algo

nothing / something

velho / jovem

old / young

ligado / desligado

on / off

aberto / fechado

open / closed

baixo / alto

quiet / loud

rico / pobre

rich / poor

certo / errado

right / wrong

áspero / liso

rough / smooth

triste / feliz

sad / happy

curto / longo

short / long

lento / rápido

slow / fast

molhado / seco

wet / dry

ameno / fresco

warm / cool

guerra / paz

war / peace

0

zero
zero

1

um
one

2

dois
two

3

três
three

4

quatro
four

5

cinco
five

6

seis
six

7

sete
seven

8

oito
eight

9

nove
nine

10

dez
ten

11

onze
eleven

12
doze

twelve

13
treze

thirteen

14
catorze

fourteen

15
quinze

fifteen

16
dezasseis

sixteen

17
dezassete

seventeen

18
dezoito

eighteen

19
dezanove

nineteen

20
vinte

twenty

100
cem

hundred

1.000
mil

thousand

1.000.000
milhão

million

idiomas
languages

inglês

English

inglês americano

American English

chinês mandarim

Chinese Mandarin

hindi

Hindi

espanhol

Spanish

francês

French

árabe

Arabic

russo

Russian

português

Portuguese

bengalês

Bengali

alemão

German

japonês

Japanese

eu

I

tu

you

ele / ela

he / she / it

nós

we

vós

you

eles / elas

they

quem?

who?

o quê?

what?

como?

how?

onde?

where?

quando?

when?

nome

name

atrás

behind

em

in

à frente de

in front of

sobre

over

em cima

on

debaixo

under

ao lado

beside

entre

between

lugar

place